AF266040

COUP-D'ŒIL

SUR LES

HORREURS DE LA GUERRE,

EXTRAIT DE L'OUVRAGE

D'EUGÈNE LABAUME

SUR

LA CAMPAGNE DE RUSSIE

EN 1812,

AVEC DES OBSERVATIONS

PAR

EVAN REES.

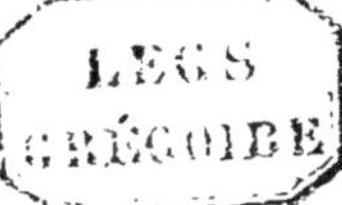

D'où viennent les guerres et les procès entre vous? N'est-ce pas de vos passions qui combattent dans votre chair?

S. Jacques, Ch. IV, Vers. 1.

Un bon arbre ne peut produire de mauvais fruits, et un mauvais arbre ne peut en produire de bons; vous les reconnaîtrez donc par leurs fruits.

S. Matthieu, Ch. VII, Vers. 18, 20.

Londres,

IMPRIMÉ PAR G. SCHULZE,

NO. 13, POLAND STREET, OXFORD STREET.

1822.

LISTE DES MEMBRES
DU CONSEIL D'ADMINISTRATION
DE
LA SOCIÉTÉ DE LA PAIX DE LONDRES,

ayant pour objet

L'ÉTABLISSEMENT D'UNE PAIX PERMANENTE ET UNIVERSELLE.

ROBERT MARSDEN, PRÉSIDENT,
57, Doughty Street.

Trésorier,—JEAN SCOTT, 1, Bartholomew Lane.

Secrétaire pour l'intérieur,—THOMAS BELL, 18, Bucklersbury.

Secrétaire pour l'étranger,—JEAN BOWRING, London-field, Hackney.

Secrétaire adjoint et collecteur,—JEAN BEVANS, 2, Star Court, Bread Street, Cheapside.

Membres du Conseil.

GUILLAUME ALLEN, Plough Court, Lombard Street.
T. M. COOMBS, 14, Ludgate Street.
CHARLES STOKES DUDLEY, Nelson Square.
THOMAS FURLEY FORSTER, St. Helen's Place, Bishopsgate St.
BENJAMIN MEGGOT FORSTER, St. Helen's Pl. Bishopsgate St.
JOSEPH HALE, Crescent, Jewin Street.
THOMAS HANCOCK, *M.D.*, Finsbury Square.
THOMAS HARPER, East Street, Walworth.
JEAN HARRIS, 308, Wapping.
SAMUEL PARKES, 30, Mecklenburgh Square.
JEAN ROBERTS, 2, Inner Temple Lane.
FRÉDÉRIC SMITH, Croydon.
THOMAS STURGE, Croydon.
JEAN WARNER, Crescent, Jewin Street.

Membres du Conseil non Résidans.

RICHARD DYKES ALEXANDER, Ipswich.
THOMAS CLARKSON, *M.A.* Playford Hall, Suffolk.
JEAN CLARKSON, Woodbridge, Suffolk.
JOSEPH TREGELLES PRICE, Neath Abbey.
GUILLAUME STÉPHENSON, West Thurrock, Essex.

Toutes les communications doivent être adressées, franches de port, au Bureau de la Société, No. 2, Star Court, Bread Street, Cheapside, Londres.

COUP-D'ŒIL

LES HORREURS DE LA GUERRE.

Durant l'espace d'un quart de siècle fécond en grands évènemens, on pourrait à peine nommer une seule nation civilisée qui n'ait pas pris part à la grande querelle qui a divisé le monde. Chaque peuple à son tour a eu sa part des calamités de la guerre ; chacun d'eux a gémi sous le poids de cet horrible fléau. Dans quelques-uns des pays qui ont été le théâtre de la lutte, l'orage a éclaté avec la furie d'une éruption volcanique. On a vu de vastes provinces dévouées de sang froid à la destruction par le génie du mal, et bientôt elles n'ont présenté qu'un amas de ruines, et à peine la civilisation y a-t-elle laissé quelques vestiges. En un moment, des villes jadis florissantes ont été réduites en cendres, et les champs de l'Europe se sont abreuvés du sang de plusieurs millions d'hommes.

Tels sont les effets inévitables de la guerre ; et s'il est vrai que c'est par son fruit qu'il faut reconnaître l'arbre, nous ne serons pas en peine d'assigner à ce barbare fléau sa véritable origine. L'histoire et la poésie ont été consacrées de tout tems à célébrer les guerriers et leurs actes. Dans

les pompeuses descriptions de ces sanglantes bou-
cheries, on n'a omis qu'une chose, ce sont les cris
de douleur des blessés et des mourans. Dans la
fastueuse énumération de tant de titres de gloire,
on n'a point fait entrer en ligne de compte les
larmes des veuves et des orphelins. Toute la puis-
sance de la parole, tous les charmes du style ont
été prodigués pour immortaliser la gloire des
armes, pour voiler les horreurs de la guerre, pour
perpétuer le souvenir d'homicides exploits et pour
transformer en héros les assassins des hommes. La
guerre est représentée comme la plus noble car-
rière qui soit ouverte à l'énergie humaine ; mais
si nous voulons nous former une juste idée de la
nature de ce fléau, considérons-le dans les calamités qui le caractérisent, non à travers le voile falla-
cieux dont l'entoure une gloire mensongère. Appre-
nons-nous un meurtre épouvantable que d'horribles circonstances ont précédé et suivi (1) ? Aussitôt la consternation se répand dans la capitale
et dans les provinces. Mais lorsqu'un sanglant bulletin vient nous annoncer la destruction de plusieurs milliers de ceux que nous considérons
comme nos ennemis, des pensées bien différentes
nous occupent. A l'instant, la nuit fuit devant la
clarté d'une brillante illumination ; nos rues, nos
places publiques retentissent d'acclamations et de
chants de triomphe ; la joie publique se manifeste

---

(1) Le célèbre meurtre de Fualdès qui a occupé l'attention
publique pendant 18 mois, est une preuve de la vérité de cette
assertion. *(Note du Traducteur.)*

en proportion de la grandeur des calamités. L'ennemi a perdu dix mille hommes ; des cris de joie retentissent. Il en a perdu trente mille ; la joie est au comble et n'a plus de bornes. Est-ce donc la marque d'un cœur humain et généreux, que de se réjouir ainsi des malheurs de nos frères ? De tels sentimens ne tendent-ils pas à dénaturer l'homme et à étendre sur son cœur cruel une cuirasse de bronze et d'airain ?

Vainement nous voudrions essayer de représenter la guerre dans toute son effrayante vérité. Le tableau sera toujours bien loin d'atteindre à l'horreur de la chose même. L'ouvrage d'Eugène Labaume, dont nous allons donner des extraits, est regardé avec raison comme la narration la plus exacte et la plus authentique de la célèbre campagne de Russie, exécutée par l'armée française en 1812 (1). L'auteur était attaché à l'état-major du 4ème corps commandé par le Prince Eugène Beauharnais, et a été témoin occulaire de tout ce qu'il rapporte. " C'est à la lueur de l'incendie de Moscou," dit-il dans sa préface, " que j'ai décrit le sac de cette ville ; c'est sur les rives de la Bérézina, que j'ai tracé le récit de ce fatal passage. On aurait peine à se figurer les difficultés qu'il m'a fallu surmonter pour consigner mes souvenirs. Réduit, comme tous mes compagnons d'armes, à lutter contre les derniers besoins, transi de froid, tourmenté par la faim, en proie à tous

---

(1) Relation circonstanciée de la campagne de Russie en 1812, par Eugène Labaume, chef d'escadron, chevalier de la légion d'honneur, etc.... Paris ; Février, 1815.

les genres de souffrances, incertain au lever de
chaque soleil si je verrais les derniers rayons du
soir, doutant le soir si je verrais un jour nouveau, tous mes sentimens semblaient s'être con-
centrés dans le désir de vivre pour conserver la
mémoire de ce que je voyais. Animé par cet indi-
cible désir, toutes les nuits, assis devant un mauvais feu sous une température de 20 à 22 degrés
au dessous de la glace, entouré de morts et de
mourans, je retraçais les évènemens de la journée.
Le même couteau qui m'avait servi à dépécer du
cheval pour me nourrir, était employé à tailler des
plumes de corbeau ; un peu de poudre à canon, dé-
layée dans le creux de ma main avec de la neige
fondue, me tenait lieu d'encre et d'écritoire(1)."

Le printems de 1812 fut employé par les Français et les Russes, à augmenter leurs forces militaires respectives, et tandis que Napoléon rassem-
blait ses légions sur les frontières de la Pologne, la
Russie réunissait toutes ses ressources, pour ré-
sister à la tempête qui la menaçait. La totalité
de l'armée française s'élevait à *six cent quatre-vingt
mille* hommes d'infanterie, et *cent soixante seize
mille* hommes de cavalerie. Si nous déduisons de
ce nombre les troupes autrichiennes ainsi que les
troupes françaises renfermées dans les garnisons,
nous trouverons que la force effective des Français
s'élevait à 400,000 hommes d'infanterie, 60,000
de cavalerie, et 1,200 pièces de canons(2). Aussitôt

---

(1) Préface, page 5.

(2) D'après un état établi par la Revue d'Edimbourg, sur une
autorité digne de foi, il paraîtrait que la force effective montait
à 494,000 hommes.

après le retour de l'Ambassadeur Français de St. Pétersbourg, Napoléon promulgua une proclamation de Wilkowiski, en date du 22 Juin 1812, dans laquelle il annonça le commencement de la seconde guerre de Pologne, et aussitôt il entra en campagne à la tête de son armée. Le 24 du même mois, le passage du Niémen fut effectué, et le 25. on arriva à Wilna. Dans leur retraite, les Russes emmenèrent les habitans et les troupeaux, détruisirent le blé et les fourrages, ravagèrent tout le pays, mirent le feu aux villes et aux villages, afin de priver leurs ennemis de toute ressource et de tout moyen de subsistance.

19 *Août. Smolensk.* Après une bataille sanglante et long-tems disputée, les Russes mirent le feu à la ville, et effectuèrent leur retraite, laissant les rues et les places publiques jonchés de morts et de blessés. Le jour suivant les Français entrèrent dans Smolensk. Voici la description que fait Labaume de cette entrée : " Nous entrâmes à Smolensk par le faubourg qui longe la rivière ; de tous côtés, nous ne marchions que sur des ruines ou des cadavres ; les palais encore tous brûlans, n'offraient plus que des murs lézardés par les flammes, et, sous les décombres, les squellettes des habitans que le feu avait consumés. Le peu de maisons qui restaient se trouvaient envahies par les soldats, et, sur la porte, était le propriétaire sans asile, qui, avec une partie de sa famille, pleurait la mort de ses enfans et la perte de sa fortune. Les églises seules offraient quelque consolation aux malheureux qui n'avaient plus d'abri. La cathédrale,

célèbre en Europe et très vénérée par les Russes, devint le réfuge des infortunés échappés à l'incendie. Dans cette église et tous près des autels, étaient des familles entières couchées sur des haillons. D'un côté, on voyait un vieillard expirant, porter ses derniers regards vers l'image du Saint qu'il vénéra toute sa vie ; de l'autre, de pauvres enfans au berceau à qui une mère flétrie par l'adversité donnait à tetter en les arrosant de ses larmes.

" Au milieu de cette désolation, le passage de l'armée dans l'intérieur de la ville, offrait un contraste frappant ; d'un côté était l'avilissement des vaincus, de l'autre l'orgueil que donne la victoire : les uns avaient tout perdu ; les autres, riches de dépouilles, et n'ayant jamais connu les défaites, marchaient fièrement au son d'une musique guerrière, frappant à la fois de crainte et d'admiration les restes malheureux d'une population soumise(1)."

5 *Septembre. Borodino.* Une redoute sur la gauche de la position des Russes, fut prise d'assaut. " Environ mille de nos soldats payèrent de leur sang cette importante position, dont plus de la moitié restèrent morts dans les retranchemens qu'ils avaient si glorieusement enlevés. Aussi, le lendemain, l'Empereur passant en revue le 61ème régiment qui avait le plus souffert, demanda au *colonel* ce qu'il avait fait d'un de ses bataillons. " *Sire*, répondit-il, *il est dans la redoute* !(2)"

---

(1) Page 99.   (2) Page 131.

Cette affaire n'était que le prélude d'un combat plus sanglant.

7 Septembre. Avant la pointe du jour, les deux armées se rangent en bataille. *Deux cent soixante mille* hommes attendent dans une horrible impatience le signal du combat. A six heures, les détonnations de l'artillerie interrompent cet affreux silence. Bientôt la bataille devient générale, et s'engage avec une effroyable furie : le feu de deux cents pièces de canon enveloppant les deux armées d'un épais nuage de fumée et écrasant des bataillons tout entiers, couvrait la plaine de blessés et de morts. Les premiers allaient mourir par une mort encore plus terrible et allaient voir redoubler leurs souffrances. Quelle effrayante situation ! Quarante mille hommes de cavalerie, parcourant le champ de bataille dans toutes les directions, écrasaient ces malheureux sous les pieds de leurs chevaux couverts de sang. D'autres étaient écrasés par les roues des canons qu'on transportait d'un point à l'autre avec rapidité. Une redoute surtout, placée au centre de l'armée russe fut plusieurs fois prise, perdue et reprise, avec un acharnement inconcevable ; elle resta enfin au pouvoir des Français.

" L'intérieur de la redoute présentait un effrayant tableau ; les cadavres étaient entassés les uns sur les autres, et parmi eux beaucoup de blessés dont les cris ne pouvaient être entendus ; on voyait des armes de toute espèce éparpillées par terre ; les parapets à moitié détruits avaient tous leurs crénaux rasés, et l'on ne distinguait plus les embrasures qu'aux canons ; mais la plupart des pièces étaient renversées et détachées de leurs affûts brisés(1)."

La nuit sépara les combattans et mit fin à cet horrible carnage. Dans ce jour désastreux à jamais mémorable dans les annales de la destruction, quatre-vingt mille hommes furent sacrifiés aux calculs d'une ambition insensée.

8 *Septembre.* " C'est alors qu'en parcourant le plateau sur lequel on avait combattu, nous pûmes juger de l'immensité des pertes qu'avaient faites les Russes. Sur une étendue d'environ une lieue carrée, la terre était couverte de morts ou de blessés ; on voyait même des endroits où des éclats d'obus, en brisant une pièce, avaient renversé à la fois les hommes et les chevaux. De pareils coups souvent répétés, firent un tel ravage qu'on voyait sur cette plaine des montagnes de cadavres ; le peu d'espace où il n'y en avait pas, était rempli par des débris d'armes, de lances, de casques ou de cuirasses, ou bien par des biscayens aussi nombreux que des grelons après un violent orage. Le plus effrayant à voir était l'intérieur des ravins ; presque tous les blessés par un instinct naturel, s'y étaient traînés afin d'éviter de nouveaux coups: c'est là que ces malheureux entassés l'un sur l'autre, privés de secours et nageant dans leur sang, poussaient des gémissemens horribles ; invoquant à grands cris la mort, ils nous la demandaient pour mettre un terme à leur affreux supplice. Les ambulances étaient insuffisantes ; notre stérile pitié se bornait à déplorer des maux inséparables d'une guerre si atroce (2)."

---

(1) Page 146.   (2) Page 153.

9 Septembre. " En approchant de *Rouza*, on rencontrait quantité de petites voitures ramenées par des cavaliers. Un spectacle bien touchant était de les voir chargées d'enfans et de vieillards infirmes ; le cœur était navré de douleur en pensant que bientôt on allait se partager ces charettes et ces chevaux qui faisaient toute la fortune de ces familles désolées.

" Nous entrâmes enfin dans Rouza, et continuâmes à voir jusqu'au milieu de la place, une foule de soldats qui pillaient les maisons, sans écouter les cris de ceux à qui elles appartenaient, ni les larmes d'une mère qui, pour attendrir les vainqueurs montrait ses enfans à genoux ; les mains jointes et le visage en pleurs, ces innocentes créatures demandaient seulement qu'on leur laissât la vie. Cette ardeur du pillage était légitime pour quelques-uns qui, mourant de faim, ne cherchaient qu'à se procurer des alimens ; mais, beaucoup d'autres, sous ce prétexte, saccageaient tout et dérobaient jusqu'aux hardes dont se couvraient les femmes et les enfans(1)." " On pouvait juger de la consternation qui régnait dans Moscou, par la terreur que nous inspirions aux paysans. A peine fut-on informé de notre arrivée dans Rouza, et de la manière impitoyable avec laquelle nous avions traité la population, que tous les villages placés sur la route de Moscou, furent à l'instant aban-

---

(1) Page 159.

donnés. Partout nous portions l'épouvante, et beaucoup de ceux qui fuyaient, par une sorte de désespoir, brûlaient leurs maisons, leurs châteaux, les blés et les fourrages à peine recueillis. La plupart de ces malheureux découragés par l'inutile résistance de la milice de Rouza, jetaient par terre les piques dont on les avait armés, pour courir plus promptement se cacher avec leurs femmes et leurs enfans dans d'épaisses forêts éloignées de notre route(1)."

15 *Septembre. Moscou.* " Notre corps dès la pointe du jour partit du village où il avait campé et marcha sur Moscou. En approchant de cette ville, nous vîmes qu'elle n'avait point de murailles, et qu'un simple parapet en terre était l'unique ouvrage qui déterminait sa première enceinte. Jusqu'alors rien ne prouvait que cette capitale fût habitée, et l'endroit par lequel nous arrivions était si désert, que, non seulement, on ne voyait pas un Moscowite, mais même un soldat français. Aucun bruit, aucun cri ne s'élevait au milieu de cette imposante solitude. L'anxiété seule guidait nos pas; elle redoubla lorsque nous aperçûmes une épaisse fumée qui, en forme de colonne, s'élevait au centre de la ville. On crut d'abord que c'étaient seulement quelques magasins que les Russes, selon leur habitude, avaient brûlé en se retirant. Intéressés à connaître la cause de cet incendie, nous cherchâmes vainement quelqu'un qui pût

---

(1) Page 164.

rassurer notre inquiète curiosité ; l'impossibilité de la satisfaire, en redoublant notre impatience, augmentait nos alarmes (1)." " Moscou, depuis la veille, était au pouvoir de nos troupes ; néanmoins, on ne trouvait dans le quartier où nous devions nous établir ni soldats, ni habitans, tant la ville était grande et dépeuplée. Un morne silence régnait dans ces quartiers abandonnés ; aussi les âmes les plus intrépides étaient émues de cet isolement. La longueur des rues était telle, que, d'une extrémité à l'autre, les cavaliers ne pouvaient se reconnaître entre eux ; ignorant s'ils étaient amis ou ennemis, on les voyait s'avancer lentement, puis, saisis par la crainte, ils fuyaient l'un devant l'autre, quoique tous fussent sous les mêmes étendards. A mesure qu'on prenait possession d'un quartier nouveau, des éclaireurs allaient en avant pour le reconnaître, et faisaient des recherches dans les palais et dans les églises ; mais on ne trouvait dans les uns que des enfans, des vieillards ou des officiers russes mutilés aux précédentes batailles ; et dans les autres, les autels étaient parés comme pour un jour de fête. Mille flambeaux allumés, brûlant en l'honneur du saint protecteur de la patrie, annonçaient que les pieux Moscowites n'avaient pas cessé de l'invoquer. Cet appareil imposant et religieux rendait puissant et respectable le peuple que nous avions vaincu, et nous pénétrait de cette terreur que cause une grande injustice. Nous n'osions plus marcher que d'un pas timide au mi-

---

(1) Page 194.

lieu de cette effrayante solitude ; souvent on s'arrêtait pour regarder en arrière ; quelquefois même, nous prétions une oreille attentive ; car l'imagination effrayée de notre immense conquête, partout nous faisait entrevoir des piéges, et au moindre bruit, nos sens troublés croyaient entendre le tumulte des armes ou les cris des combattans(1)."

" Conformément au plan de dévastation adopté par les Russes dans cette campagne, on avait résolu la ruine de l'ancienne capitale de l'empire des Czars. On donna la liberté aux criminels que renfermaient les prisons, à condition qu'ils mettraient le feu à la ville, aussitôt qu'elle serait au pouvoir des Français. Pour assurer l'exécution de ce plan, on avait enlevé ou détruit toutes les pompes à incendies, et tous les autres ustensiles qui pouvaient servir à éteindre le feu. La bourse fut le premier édifice livré aux flammes. Les magasins contenaient une immense quantité de marchandises les plus précieuses de l'Asie et de l'Europe. Les caves étaient pleines de sucre, d'huile, de résine, et d'autres combustibles qui brûlaient avec une effrayante activité. Les Français essayèrent d'arrêter les progrès de l'incendie ; ils reconnurent bientôt l'inutilité de leurs efforts. Le feu parcourut bientôt les divers quartiers de la ville, et un vent violent en augmentait encore l'étendue et l'activité ; spectacle effrayant, puisqu'un si grand malheur devait faire pressentir, même aux âmes les plus endurcies, que la justice divine ferait un jour écla-

---

(1) Page 96.

ter sa colère sur les premiers auteurs de cette affreuse dévastation(1)."

" Une grande partie de la population de Moscou, par la crainte que causa notre arrivée, était demeurée cachée dans l'intérieur des maisons ; elle en sortit du moment que l'incendie eût pénétré dans ces asyles. Tous ces infortunés étaient tremblans et n'osaient proférer la moindre imprécation, tant la frayeur rendait leur douleur muette. En quittant leur retraite, ils emportaient avec eux leurs effets les plus précieux ; mais les âmes sensibles agitées par le seul sentiment de la nature, ne songeaient qu'à sauver leurs parens: d'un côté, on voyait un fils emportant son père malade ; de l'autre, des femmes qui versaient des torrens de larmes sur de jeunes enfans qu'elles tenaient dans leurs bras ; elles étaient suivies par d'autres un peu plus grands qui, pour ne pas les perdre, doublaient le pas en appelant leur mère. Les vieillards encore plus accablés par la douleur que par les années, rarement pouvaient suivre leurs familles, et beaucoup pleurant sur la ruine de leur patrie, se laissaient mourir auprès de la maison qui les avait vus naître. Les rues, les places publiques et surtout les églises, étaient remplies de ces malheureux qui, couchés sur le reste de leur mobilier, gémissaient sans donner le moindre signe de désespoir : on n'entendait aucun cri, aucune querelle : le vainqueur et le vaincu étaient également abrutis,

---

(1) Page 200.

l'un par l'excès de fortune, l'autre par l'excès de misère(1)."

" Les hôpitaux où se trouvaient plus de douze mille blessés, ne tardèrent pas à être incendiés. Le désastre qui s'ensuivit révoltait l'âme et la glaçait d'effroi ; presque tous ces infortunés périrent, et l'on voyait le peu de vivans qui respiraient encore se traîner à moitié brûlés sous des cendres fumantes ; d'autres gémissant sous des monceaux de cadavres, les soulevaient avec peine, pour chercher à revoir la lumière.

" Comment dépeindre le mouvement tumultueux qui s'éleva, lorsque le pillage fut toléré dans toute l'étendue de cette ville immense? Les soldats, les vivandières, les forçats et les prostituées, courant les rues, pénétraient dans les palais déserts et en arrachaient tout ce qui pouvait flatter leur cupidité(2)."

" Les généraux reçurent l'ordre de sortir de Moscou : alors la licence devint effrénée ; les troupes n'étant plus retenues par la crainte qu'inspire toujours la présence des chefs, se livrèrent à tous les excès imaginables. Aucune retraite ne fut assez sûre, aucun lieu assez saint pour se préserver de leurs recherches avides(3)."

" A tous les excès de la cupidité se mêlèrent toutes les dépravations de la débauche ; ni la noblesse du sang, ni la candeur du jeune âge, *ni les*

---

(1) Page 209.   (2) Page 211.
(3) Page 213.

larmes de la beauté ne purent être respectées : licence cruelle, mais inévitable dans une guerre monstrueuse où seize nations réunies, différentes de mœurs et de langage, se croyaient tout permis, dans la persuasion que leurs désordres ne seraient jamais attribués qu'à l'une d'elles (1)."

" Consterné par tant de calamités, j'espérais que les ombres de la nuit en couvriraient l'effrayant tableau ; elles ne servaient, au contraire, qu'à rendre l'incendie plus terrible, à faire ressortir davantage la violence des flammes qui s'étendaient du nord au midi ; agitées par le vent, elles s'élevaient jusqu'au ciel. On apercevait aussi les fusées incendiaires que les malfaiteurs lançaient du haut des clochers ; elles sillonnaient des nuages de fumée, et de loin, ressemblaient à des étoiles tombantes. Mais rien ne glaçait d'effroi comme la terreur répandue dans tous les cœurs, et qui, dans le silence des ténèbres, ne faisait que s'accroître par les cris des malheureux qu'on égorgeait, ou par les pleurs des jeunes filles qui se réfugiaient dans le sein palpitant de leurs mères, et dont les vains efforts ne servaient qu'à enflammer la rage des ravisseurs. A ces affreux gémissemens se joignaient les hurlemens des chiens qui, selon l'usage de Moscou, enchaînés aux portes des palais, ne pouvaient échapper au feu dont ils étaient entourés (2)."

" Plusieurs soldats mouraient victimes de leur cupidité ; irrités par l'ardeur du pillage, ils se pré-

---

(1) Page 213.   (2) Page 214.

5   C

cipitaient au milieu des vapeurs embrasées, au travers des armes étincelantes; ils marchaient dans le sang, foulant aux pieds des cadavres, tandis que des ruines et des charbons ardens tombaient sur leurs bras homicides: tous auraient peut-être péri, si une chaleur insupportable ne les eût enfin forcés à se sauver dans les champs (1)."

17 Septembre. " Le quatrième corps ayant aussi reçu l'ordre de sortir de Moscou, nous nous acheminâmes pour aller auprès de Péterskoe, où nos divisions se trouvaient campées: ce fut dans ce moment qui me parut être la pointe du jour, que j'aperçus un spectacle à la fois terrible et touchant: une foule de malheureux habitans traînaient sur de mauvaises voitures tout ce qu'ils avaient pu sauver de leurs maisons incendiées; et, comme les soldats leur avaient enlevé leurs chevaux, on voyait des hommes et des femmes même attelés à ces charettes sur lesquelles était une mère infirme, où un vieillard paralytique. Des enfans presque nus suivaient ces groupes intéressans; la tristesse si

---

(1) Page 218. Les soldats s'étaient répandus dans Moscou, et conduits par l'ardeur du pillage, parcouraient cette ville désolée dans toutes les directions. Leur passage était marqué par les plus horribles outrages. Nul n'en était exempt. Les pères, le déséspoir dans l'âme, ne pouvant arracher leurs enfans à la brutalité des vainqueurs, prenaient le parti de mettre eux-mêmes le feu à leurs maisons, et allaient, avec leurs familles, chercher un asile au milieu des flammes. Les rues, les maisons, les caves regorgeaient de sang, et le carnage ne les empêchait pas d'être encore le théâtre des plus horribles attentats. (*Porter's Narrative. Page* 170.)

éloignée de leur âge, était empreinte sur leur figure, et si des militaires s'approchaient d'eux, ils couraient en pleurant se jeter dans les bras de leur mère: quelle demeure pouvait-on leur offrir, qui ne leur retraçât sans cesse, l'objet de leur terreur ? Sans asiles, sans secours, ces infortunés erraient dans les campagnes, et partout ils retrouvaient les vainqueurs de Moscou, qui, souvent en les maltraitant, vendaient sous leurs yeux les effets enlevés de leurs propres maisons. (1)"

18 *Octobre.* " Une partie de l'armée française ayant été surprise et attaquée à Taroutina, avec une perte considérable, l'ordre de la retraite fut donné dans la soirée du 18 ; et le 22, Moscou était entièrement évacué. Le 24, les Russes attaquèrent le 4ème corps posté à Malo-Jarolavetz. Le combat commencé à 4 heures du matin, se prolongea jusqu'à 9 heures du soir.

25 *Octobre.* " La ville où l'on avait combattu n'existait plus ; on ne distinguait l'alignement des rues que par les nombreux cadavres dont elles étaient jonchées ; de tous côtés, l'on ne voyait que des membres épars et des têtes humaines écrasées par les pièces d'artillerie qu'on avait fait manœuvrer. Les maisons ne formaient qu'un monceau de ruines, et, sous leurs cendres brûlantes, paraissaient des squellettes à demi consumés. Il y eut aussi des malades et des blessés qui, en quittant le combat, furent se réfugier dans ces mêmes mai-

---

(1) Page 218.

sons. Le petit nombre de ceux qui échappaient aux flammes, se montraient devant nous, ayant la figure noircie, les habits et les cheveux brûlés : d'une voix mourante et lamentable, ils poussaient les cris les plus douloureux ; en les voyant, l'homme le plus féroce était attendri, et, détournant les yeux, ne pouvait s'empêcher de répandre des larmes (1)."

30 *Octobre.* " Plus nous approchions, et plus la terre était en deuil ; toutes les campagnes foulées par des milliers de chevaux semblaient n'avoir jamais été cultivées. Les forêts éclaircies par le long séjour des troupes, se ressentaient aussi de cette affreuse dévastation ; mais rien n'était horrible à voir, comme la multitude des morts qui, depuis cinquante deux jours, privés de sépulture, conservaient à peine une forme humaine. Auprès de *Borodino*, ma consternation fut à son comble, surtout en retrouvant à la même place les 20,000 hommes qui s'étaient égorgés et dont la gelée avait arrêté l'entière dissolution ; la plaine en était couverte ; de toutes parts ce n'étaient que des carcasses de chevaux ou des cadavres à demi enterrés ; là, étaient des habits teints de sang et des ossemens rongés par les chiens et les oiseaux de proie ; ici, des débris d'armes, de tambours, de casques et de cuirasses (2)."

" Pendant qu'on traversait ce champ de bataille, nous entendîmes de loin un malheureux qui appelait à son secours ; touchés par ses cris plain-

---

(1) Page 262.　　　　(2) Page 276.

tifs, plusieurs s'approchèrent, et, à leur grand
étonnement, virent étendu par terre un soldat français, ayant les deux jambes fracturées. " J'ai été
blessé," dit-il, " le jour de la grande bataille, et, me
trouvant dans un endroit écarté, personne n'a pu
venir à mon secours. Durant près de deux mois,"
ajouta cet infortuné, " me traînant aux bords d'un
ruisseau, j'ai vécu d'herbages, de racines et de
quelques morceaux de pain trouvés sur des cadavres. La nuit, je me couchais dans le ventre des
chevaux morts, et les chairs de ces animaux ont
pansé ma blessure aussi bien que les meilleurs mé-
dicamens. Aujourd'hui, vous ayant vu de loin,
j'ai recueilli toutes mes forces, et me suis avancé
assez près de la route, pour que ma voix fût enten-
due." Etonné d'un pareil prodige, chacun en té-
moignait sa surprise, lorsqu'un général, informé
de cette particularité aussi singulière que touchante, fit placer dans sa voiture le malheureux
qui en était l'objet (1)."

" Ah ! combien ma relation serait longue,
s'il fallait raconter toutes les calamités qu'engendra
cette guerre atroce ; mais, si je voulais d'un seul
trait, faire juger de tous les autres, je parlerais de
ces trois mille prisonniers amenés de Moscou.
Pendant la marche, n'ayant rien à leur donner,
on les parquait comme des bestiaux ; là, sous aucun prétexte, ils ne pouvaient s'éloigner de l'é-
troite enceinte qu'on leur avait assignée. Sans feu
et mourant de froid, ils couchaient sur la glace,

---

(1) Page 277.

et pour assouvir leur dévorante faim, ils se jetaient avec avidité sur la viande de cheval qu'on leur distribuait. Faute de tems et de moyens pour la faire cuire, ils la mangeaient toute crue ; on assure, mais je n'ose le croire, que, lorsque ces distributions vinrent à manquer, plusieurs de ces prisonniers mangèrent la chair de leurs camarades qui venaient d'expirer à force de misère (1)."

" Quand l'armée française, pendant la retraite, se vit à son tour en proie aux plus affreuses calamités, elle marqua son passage par des actes de cruauté et de dévastation que la plume répugne à décrire. La première division, en quittant l'endroit où elle avait passé la nuit, avait coutume d'y mettre le feu, ainsi qu'aux villes et villages par où elle passait, sans pitié pour les habitans et pour ses compatriotes même qui se voyaient ainsi dépourvus de ressources et d'abri. Le peu d'édifices qui échappaient à cette première dévastation, était brûlé par la seconde division qui achevait dignement cette épouvantable œuvre de destruction. Les ruines étaient jonchées de cadavres de soldats, de paysans, d'enfans immolés, de jeunes filles massacrées sur le lieu même où elles venaient d'être déshonorées. Une dévastation universelle était à l'ordre du jour ; cet ordre cruel était si complettement obéi, que l'abbaye de Kolotskoï, située à 150 milles de Moscou, était le seul édifice épargné dans toute cette circonférence. Dépouillée de son antique splendeur, encombrée de malades et de

---

blessés, elle ressemblait beaucoup plus à un hô-
pital qu'à une abbaye."

6 *Novembre.* " Nous marchions vers Smolensk
avec une ardeur qui redoublait nos forces ; nous
touchions presque à Doroghoboui qui n'en est
éloigné que de 20 lieues, et la seule pensée d'y
arriver dans trois jours, excitait dans nos cœurs
une ivresse générale, lorsque, tout à coup, l'atmos-
phère qui, jusqu'alors, avait été si brillant, s'en-
veloppa de vapeurs froides et rembrunies. Le soleil caché sous d'épais nuages disparut à nos yeux,
et la neige tombant à gros flocons, dans un instant
obscurcit le jour et confondit la terre avec le firma-
ment. Le vent soufflant avec furie remplissait
les forêts du bruit de ses affreux sifflemens, et
faisait courber contre terre les noirs sapins sur-
chargés de glaçons ; enfin la campagne entière
ne formait plus qu'une surface blanche et sauvage.

" Au milieu de cette sombre horreur, le soldat accablé par la neige et le vent qui venaient sur
lui en forme de tourbillons, ne distinguait plus la
grande route des fossés, et souvent s'enfonçait dans
ces derniers qui lui servaient de tombeau. Les
autres pressés d'arriver, se traînant à peine, mal
chaussés, mal vêtus, n'ayant rien à manger, rien
à boire, gémissaient en grelottant et ne donnaient
aucun secours ni marque de pitié à ceux qui, tom-
bés en défaillance, expiraient autour d'eux. Ah !
combien de ces infortunés qui, mourans d'inani-
tion, luttaient d'une manière terrible contre les
angoisses de la mort ! On entendait les uns faire de
touchans adieux à leurs frères, à leurs camarades ;

d'autres en poussant le dernier soupir prononçaient le nom de leur mère et du pays qui les vit naître ! Bientôt la rigueur du froid saisissait leurs membres engourdis, se glissait jusques dans leurs entrailles. Etendus sur les chemins, on ne les distinguait plus qu'aux tas de neige qui recouvraient leurs cadavres, et qui, sur toute la route, formaient des ondulations, semblables à celles des cimetières. Enfin des nuées de corbeaux, abandonnant la plaine pour se réfugier dans les forêts voisines, en passant sur nos têtes poussaient des cris sinistres, et des troupeaux de chiens venus de Moscou, ne vivant que de nos débris ensanglantés, venaient hurler autour de nous, comme pour hâter le moment où nous devions leur servir de pâture (1)."

" Ces animaux affamés venaient souvent disputer aux soldats les chevaux morts qu'on laissait sur la route (2)."

8 *Novembre. Passage de la Vop.* Le lit de la rivière était encombré de voitures, de canons, et des cadavres innombrables d'hommes et de chevaux noyés en essayant le passage. " Les cris de ceux qui traversaient l'eau, la consternation des autres qui allaient la passer et qu'on voyait à chaque instant rouler avec leurs montures dans le lit de la Vop, tant la pente était escarpée et glissante, enfin la désolation des femmes, les pleurs des enfans et le désespoir des soldats mêmes, faisaient de ce passage une scène si déchirante, que

---

(1) Page 329.   (2) Page 329.

le seul souvenir cause encore de l'effroi à tous ceux qui en furent les témoins (1)."

" Nos troupes eurent à peine quitté l'autre rive, que des nuées de kosaques, n'éprouvant plus d'obstacles, s'avancèrent vers ces bords déplorables où se trouvaient encore beaucoup de malheureux à qui la faiblesse de leur santé n'avait pas permis de traverser la rivière. Quoique nos ennemis fussent entourés de butin, ils déshabillèrent encore leurs prisonniers et les laissèrent nuds sur des monceaux de neige. De notre rive, on voyait les Tartares se partager ces dépouilles ensanglantées (2)."

" La nuit que nous venions de passer avait été affreuse : pour s'en former une idée, qu'on se figure une armée campée sur la neige, au milieu d'un hiver rigoureux, poursuivie par l'ennemi et n'ayant plus à lui opposer ni cavalerie, ni artillerie. Les soldats sans souliers et presque sans habits, étaient exténués de fatigue et de faim ; assis sur leurs sacs, ils dormaient sur leurs genoux et ne sortaient de cet engourdissement, que pour faire griller des tranches de cheval, ou faire fondre des morceaux de glace ; souvent même, le bois nous manquait ; pour entretenir le feu on détruisait les maisons où logeaient les généraux : ainsi, à notre réveil, le village avait disparu, et des bourgades entières ne formaient plus le lendemain qu'un vaste brasier (3)."

---

(1) Page 318.　　　　(2) Page 321.
(3) Page 321.

15 *Novembre.* " Des attelages entiers succombant à leurs fatigues, tombaient à la fois l'un sur l'autre; les chevaux expirans couvraient la route ; plus de trente mille étaient morts en peu de jours(1). Tous les défilés que les voitures ne pouvaient pas franchir, étaient remplis d'armes, de casques, de shakos et de cuirasses. Des malles enfoncées, des valises entr'ouvertes, des habillemens de toute espèce étaient éparpillés dans la vallée. De distance en distance, on apercevait des arbres au pied desquels des soldats avaient tenté de mettre le feu ; mais ces malheureux mouraient en faisant pour se réchauffer d'inutiles efforts. On les voyait étendus par douzaine autour de quelques branches vertes qu'ils avaient vainement essayé d'allumer ; et tant de cadavres auraient obstrué la route si, souvent, on ne les eût employés à combler les fossés et les ornières."

" De pareilles horreurs, loin d'exciter notre sensibilité, ne faisait qu'endurcir nos cœurs; notre cruauté ne pouvant plus s'exercer sur l'ennemi, s'étendit sur nous-mêmes. Les meilleurs amis ne se connaissaient plus ; quiconque éprouvait le moindre malaise, s'il n'avait pas auprès de lui de bons chevaux et des domestiques fidèles, était assuré de ne plus revoir sa patrie. La plupart préféraient sauver le butin de Moscou, au plaisir de sauver un camarade. De tous côtés, on entendait les gémissemens des mourans et la voix douloureuse de ceux qu'on abandonnait; mais chacun

---

(1) Voyez le 29ème. bulletin de la grande armée.

était sourd à leurs cris, et si l'on s'approchait, quand ils étaient sur le point d'expirer, c'était pour les dépouiller, et chercher s'ils n'avaient pas sur eux quelques restes d'alimens (1)."

17 *Novembre.* " Liadouï étant à la Lithuanie, on croyait qu'il serait respecté comme ayant appartenu à l'ancienne Pologne. Le lendemain 18, nous en partîmes avant le jour ; mais, à notre grand étonnement, nous fûmes, selon la coutume, éclairés par le feu des maisons qui commençaient à brûler. Cet incendie fut cause d'une des scènes les plus horribles de toute notre retraite, et ma plume se refuserait à la raconter, si le récit de tant de malheurs n'avait pour but et pour moralité de rendre odieuse cette ambition fatale qui força les peuples civilisés à faire la guerre en barbares."

" Parmi les maisons qui brûlaient, il y avait trois vastes granges remplies de pauvres soldats pour la plupart blessés ; on ne pouvait sortir des deux dernières sans passer par la première qui était toute embrasée. Les plus ingambes se sauvèrent en sautant par la fenêtre ; mais tous ceux qui étaient malades ou estropiés, n'ayant pas la force de se remuer, voyaient venir les flammes qui, par degrés, s'avançaient pour les dévorer. Aux cris que poussaient ces malheureux, quelques âmes moins dures que les autres cherchèrent à les sauver ; ce fut en vain ; on ne les apercevait plus qu'à demi enterrés sous des solives ardentes, à travers des tourbillons de fumée ; ils suppliaient leurs camara-

---

(1) Page 345.

des d'abréger leur supplice en leur arrachant la vie : par humanité on crut le devoir faire. Comme il y en avait qui, malgré cela, vivaient encore, on les entendait qui, d'une voix éteinte, criaient en expirant : " *Tirez sur nous ! à la tête! à la tête! Ne nous manquez pas !..* Et ces cris déchirans ne cessèrent que lorsque ces victimes eurent été consumées (1)."

27 *Novembre. Passage de la Bérézina.* " Ceux que la lassitude et l'ignorance du danger rendaient moins pressés pour passer la rivière, cherchaient à allumer du feu et à se reposer de leur fatigues. C'est dans ces bivouacs que l'on pouvait aisément observer à quel degré de brutalité peut nous porter un excès de misère! Là on voyait des hommes se battre pour un morceau de pain : transi de froid, voulait-on s'approcher d'un feu, les soldats à qui il appartenait vous en chassaient inhumainement ; et si une soif brûlante vous forçait à demander une goutte d'eau à celui qui en portait un plein sceau, il accompagnait toujours son refus par des paroles pleines de dureté. Souvent on entendait des gens qui, jusqu'alors, avaient été amis, quoique pleins d'éducation, se quereller entre eux pour un brin de paille, ou pour un morceau de cheval qu'ils cherchaient à découper. Ainsi cette campagne était d'autant plus effrayante, qu'elle dénaturait notre caractère et nous donnait des vices qui, jusqu'alors, nous étaient inconnus. Ceux

---

(1) Page 363.

mêmes qui, auparavant, étaient probes, sensibles et généreux, devinrent égoïstes, avares, usuriers et méchans (1)."

28 *Novembre*. " Quoiqu'il y eût deux ponts, l'un pour les voitures et l'autre réservé pour les fantassins, néanmoins la foule était si grande et les aproches si dangereux, qu'arrivés près de la Bérézina, les hommes réunis en masse ne pouvaient plus se mouvoir. Malgré ces difficultés, les gens à pied, à force de persévérance, parvenaient à se sauver ; mais, vers les huit heures du matin, le pont réservé pour les chevaux et les voitures étant rompu, les bagages et l'artillerie s'avancèrent vers l'autre pont et voulurent tenter de forcer le passage. Alors s'engagea une lutte affreuse entre les fantassins et les cavaliers ; beaucoup périrent en s'égorgeant entre eux ; un plus grand nombre encore fut étouffé vers la tête du pont et les cadavres des hommes et des chevaux obstruèrent à un tel point les avenues, que, pour approcher de la rivière, il fallait monter sur le corps de ceux qu'on avait écrasés ; il y en avait qui respiraient encore et, luttant contre les horreurs de la mort, pour se relever se saisissaient de ceux qui montaient sur eux ; mais ceux-ci, pour se dégager, les repoussaient avec violence et les foulaient aux pieds. Tandis qu'on se débattait avec acharnement, la foule qui suivait, semblable à une vague en furie, engloutissait sans cesse de nouvelles victimes (2)."

---

(1) Page 364.   (2) Page 385.

Au milieu de cette effroyable confusion, les Russes font une attaque sur l'arrière-garde.

" Dans la chaleur de ce combat, plusieurs boulets de canon tirés par l'ennemi, volèrent sur la tête de cette foule malheureuse qui, depuis trois jours, se pressait autour du pont de la Bérézina. Des obus même vinrent éclater au milieu d'elle : alors la terreur et le désespoir s'emparèrent de toutes les âmes ; l'instinct de la conservation troubla les esprits ; ces femmes, ces enfans échappés à tant de désastres, semblaient n'avoir été conservés que pour éprouver une mort plus déplorable encore. On les voyait sortant de leur voiture, courir embrasser les genoux du premier venu ; et, en pleurant, les supplier de les faire passer sur l'autre bord. Les malades et les blessés assis sur le tronc d'un arbre, ou soutenus sur des béquilles, d'un œil inquiet cherchaient partout un ami qui pût les secourir ; mais leur voix se perdait dans les airs : chacun ne songeait qu'à sa propre existence (1)."

" A la vue de l'ennemi, ceux qui n'avaient pas encore passé, se mêlant avec les Polonais, se précipitèrent vers le pont ; l'artillerie, les bagages, les cavaliers, les fantassins, chacun voulait traverser le premier. Le plus fort jetait dans l'eau le plus faible qui l'empêchait d'avancer, et marchait sur les corps des malades et des blessés qui se trouvaient sur son passage. Plusieurs centaines d'hommes restèrent sous les roues des canons ;

---

(1) Page 390.

d'autres espérant se sauver à la nage, se jetèrent au milieu de la rivière, ou périrent en se plaçant sur des pièces de glace qui coulèrent à fond. Mille et mille victimes n'ayant plus d'espoir, malgré ce triste exemple, se jetèrent pêle mêle dans la Bérézina où presque tous moururent dans les convulsions de la douleur et du désespoir. On vit une mère prise sur les glaces ; ne pouvant plus avancer ni reculer, elle tenait son enfant au-dessus de l'eau et poussait des cris déchirans pour qu'on vînt à son secours (1)."

"La division Girard, par la force des armes, vint à bout de se faire jour à travers les obstacles qui pouvaient retarder sa marche ; et, gravissant sur cette montagne de cadavres qui obstruaient le chemin, rejoignit l'autre rive où les Russes l'aurait peut-être suivie, si, dans l'instant, on ne s'était hâté de brûler le pont."

" Alors les malheureux restés sur la Bérézina n'eurent plus autour d'eux que l'image de la mort la plus horrible. Pour chercher à s'y soustraire, on en voyait encore quelques-uns qui essayaient de traverser le pont, lors même qu'il était tout enflammé. Mais, au milieu de leur course, ils se noyaient pour éviter d'être brûlés. Enfin les Russes s'étant rendus maîtres du champ de bataille, nos troupes se retirèrent, le passage cessa et au fracas le plus épouvantable succéda le plus morne silence (2)."

---

(1) Voyez Moscou avant et après l'incendie, par G. L. D. L. témoin oculaire. Page 150.

(2) Page 393.

" En marchant vers Zembin, nous remontâmes la rive droite de la Bérézina, d'où l'on voyait distinctement tout ce qui se passait sur l'autre bord. Le froid était excessif, et le vent faisait entendre au loin ses affreux sifflemens ; vers la fin du jour, l'obscurité n'était dissipée que par les feux nombreux de l'ennemi qui occupait les collines. Au pied de ces hauteurs gémissaient nos compagnons dévoués à la mort, et pour eux jamais momens ne durent être plus terribles que ceux qui s'écoulèrent durant cette effroyable nuit : tout ce que l'imagination pourrait se figurer de plus douloureux n'en retracerait qu'une imparfaite image. Les élémens déchaînés semblaient s'être réunis pour affliger la nature entière et châtier les hommes. Les vainqueurs comme les vaincus étaient accablés de souffrances. Chez les Russes seulement, on voyait d'énormes amas de bois enflammé. Là, au contraire, où se trouvaient les nôtres, il n'y avait ni lumières ni cabanes : les gémissemens seuls nous faisaient deviner l'endroit où se trouvaient tant de malheureuses victimes (1). "

5 *Décembre.* " Le chemin que nous suivions, offrait à chaque pas de braves officiers couverts de haillons, appuyés sur des bâtons de pin, les cheveux et la barbe hérissés de glaçons. Ces mêmes guerriers, naguères la terreur de nos ennemis et vainqueurs des deux tiers de l'Europe, ayant perdu leur noble contenance, se traînaient à

---

(1) Page 394.

pas lents, et ne pouvaient obtenir un regard de pitié des soldats dont ils étaient jadis obéis! Situation d'autant plus déplorable, que quiconque n'avait pas la force de marcher, était abandonné, et tout homme abandonné, une heure après était un homme mort. Chaque bivouac nous présentait le lendemain l'image d'un champ de bataille. Toutes les fois qu'un soldat succombant à la fatigue venait à tomber, son plus proche voisin se précipitait sur lui et, avant qu'il fût expiré, il le dépouillait pour se couvrir de ses vêtemens. A chaque instant on entendait quelques cris de ces infortunés qui nous suppliaient de leur tendre une main charitable. " Mes camarades," criait l'un d'eux d'une voix déchirante, " aidez-moi à me relever. Daignez me tendre la main pour continuer ma route." Chacun passait devant lui, sans seulement le regarder. " Ah! je vous-en conjure par tout ce que vous avez de plus cher, ne m'abandonnez point à l'ennemi! Au nom de l'humanité, accordez-moi le faible secours que je vous demande. Aidez-moi à me relever!" Mais ceux qui passaient, loin d'être émus d'une prière si touchante, le regardaient comme mort, et, par anticipation, se jetaient sur lui pour le dépouiller: alors on entendait ce soldat s'écrier: " Au secours! Au secours! on m'assassine! Pourquoi me foulez-vous aux pieds? Pourquoi m'arracher l'argent et le pain qui me restent? Vous m'enlevez même jusqu'à mes habits!!!...." Et si quelque officier, poussé par un mouvement généreux, n'arrivait assez à tems pour le délivrer, de pareils malheureux auraient été assassinés par leurs propres camarades (1)."

8 *Décembre*. " La route était couverte de soldats qui n'avaient pas de forme humaine et que l'ennemi dédaignait de faire prisonnier. Chaque jour ces malheureux nous rendaient témoins de quelques scènes pénibles à raconter. Les uns avaient perdu l'ouïe, d'autres la parole, et beaucoup par excès de froid et de faim, étaient réduits à un état de stupidité frénétique qui leur faisait rôtir des cadavres pour les dévorer, ou qui les poussait jusqu'à se ronger les mains et les bras (2). Il y en avait de tellement faibles, que, ne pouvant porter du bois et rouler une pierre, ils s'asseyaient sur les corps morts de leurs frères, et, le visage tout décomposé, regardaient fixement quelques charbons allumés ; bientôt les charbons venant à s'éteindre, ces spectres livides ne pouvant plus se relever, tombaient à côté de ceux sur lesquels ils étaient assis. On en voyait plusieurs ayant l'esprit aliéné, qui, pour se rechauffer, venaient avec leurs pieds nuds se placer au milieu de nos feux ; les uns avec un rire convulsif, se jetaient à travers les flammes et périssaient en poussant des cris affreux et faisant d'horribles contorsions, pendant que d'autres, par une égale démence, les suivaient et trouvaient la même mort(3)."

---

(1) Page 407.

(2) Rapport officiel publié par les Russes à Wilna, le 22 Décembre 1812.

(3) Page 410. Un grand nombre des soldats de l'armée fugitive avaient perdu l'usage de la parole : d'autres avaient des accès

9 *Décembre.* " Chaque journée de marche offrait la répétition des scènes douloureuses dont je n'ai donné qu'une esquisse légère. Nos cœurs s'étaient si bien endurcis à ces tableaux effrayans qu'ils ne connaissaient plus la sensibilité; le sentiment de l'égoïsme était l'unique instinct qui nous restât dans l'état d'abrutissement où le sort nous avait réduit(1)."

12 *Décembre.* " Exténués par une marche des plus longues et des plus fatigantes, mourans de lassitude, nous arrivâmes enfin à Kowno, où tous les débris de chaque corps se trouvaient réunis. Selon l'usage, ils campaient dans les rues ; et comme on savait que notre situation déplorable ne nous permettait plus de conserver aucune position, on livra au pillage les magasins qui étaient amplement fournis. Sur le champ les effets d'habillement, la farine et le rhum regorgèrent de toutes parts ; les principaux quartiers étaient remplis de tonneaux enfoncés, et la liqueur répandue formait une espèce de mare au milieu de la place publique. Les soldats, depuis long-tems privés de cette boisson, s'y livrèrent avec excès, et en firent un si grand abus que plus de douze cents d'entre eux s'enivrèrent et s'endormirent dans les maisons ou sur la neige ; mais saisis par le froid, ils passèrent subitement du sommeil à la mort(2)."

" Enfin, le 13 Décembre au matin, des *quatre*

---

de frénésie. Plusieurs étaient poussés par la douleur et la faim à un tel point d'aliénation qu'on les voyait mettre en pièces les cadavres de leurs camarades, et se repaître de ces horribles restes.—*Porter.* Page 377.

(1) Page 412.　　　　　　(2) Page 423.

cent mille guerriers qui, en ouvrant la campague, franchirent le Niémen auprès de Kowno, à peine *vingt mille* hommes le repassèrent, parmi lesquels les deux tiers, au moins, n'avaient pas vu le Kremlin (1)."

Porter confirme pleinement dans sa Relation les détails donnés par Labaume, relativement aux souffrances éprouvées par l'armée française. Mais, il garde le silence sur les souffrances des Russes qui, selon lui, bien qu'exposés à toutes les horreurs de la saison, en sentaient à peine la rigueur. Page 300. Il s'extasie sur leurs brillans exploits. Il exalte avec admiration la valeur invincible des Kosaques; il parle des coups terribles de leur glaive vengeur. Il vante les prodiges de vaillance, exécutés par les héros du Don, et dans un style singulièrement métaphorique, il nous apprend que la nuit et le jour étaient indifférens pour eux, la flamme de leur brûlant courage leur servant de guides. Page 306. Mais un ouvrage attribué à Sir Robert Wilson, nous apprend que les Russes, bien que mieux prémunis que les Français contre les rigueurs des élémens, ne furent pas à l'abri des calamités qui fondirent sur leurs adversaires.

---

(1) Page 427. Qu'on juge de l'étonnante réduction de cette immense armée par ce passage du même auteur, page 424 : " Au milieu de la nuit, le chef d'état major vint trouver tout le " 4ème corps *renfermé dans une chambre,* et nous annonça que " l'ordre avait été révoqué, etc.. " Ainsi une division nombreuse de soldats qui couvraient naguère une vaste étendue de campagne, se trouvait alors renfermée dans une chambre ! Une chambre contenait les débris d'une portion de la grande armée ! Conquérans ! médités ces paroles ; elles en valent la peine."

(Note du Traducteur.)

" Pendant la retraite un fer de cheval se payait un ducat, c'est-à-dire, la valeur d'une livre sterling, et l'on était heureux d'en obtenir à ce prix, dans l'armée Russe." Page 24.

" L'armée Russe, sous les ordres de Kutuzoff, cette armée qui, au commencement de la poursuite, se montait à cent vingt mille hommes effectifs, arrivée sur la frontière du duché de Warsovie, ne s'élevait plus qu'à trente cinq mille hommes. Il se trouvait plusieurs compagnies qui n'avaient plus un seul homme, et certains bataillons en comptaient à peine une cinquantaine. Page 32. La destruction avait fait de si effrayans ravages, même parmi les Russes, qu'un renfort de 20,000 hommes partis de Wilna ne se composait plus à son arrivée que de 13,000 hommes parmi lesquels 700 étaient dès le lendemain dans les hôpitaux, où plutôt dans les charniers de la ville."

" On avait laissé dans les hôpitaux de Wilna environ 17,000 morts ou mourans, gêlés ou prêts à l'être entièrement. Les cadavres des morts étaient employés à boucher les cavités des fénêtres, des planches et des murs ; il y avait 1,500 cadavres entassés dans les corridors du grand couvent. Quand on les charga sur des traîneaux pour les brûler, le plus horrible, le plus extraordinaire spectacle se présenta aux regards. Tous étaient dans une attitude différente, celle dans laquel le froid les avait surpris. Ils conservaient encore l'expression de leur dernier mouvement, de leur dernière action. On voyait encore dans leurs yeux ou supplians ou irrités, les derniers sentimens qui les avaient animés. Sur les routes, on voyait des hommes rassemblés autour des débris fumans de leurs habitations que le génie des conquêtes avait incendiées ; là on les voyait préparer et manger avec une horrible avidité des cadavres humains ; plus loin, on voyait des milliers de chevaux expirans, dont la chair était dépécée pour satisfaire aux besoins d'une faim impitoyable. Ailleurs, on voyait des hommes, à qui il restait à peine un souffle de vie, essayer de réchauffer leurs membres glacés par le contact des cadavres ; ce contact d'un reste de chaleur ne servait qu'à produire une putréfaction qui enveloppait bientôt dans la même dissolution et le mort et le mourant." Page 34. " On venait de passer la Vistule. A la clôture de la campagne par l'occupation de Kalish, la fatigue et la maladie avaient réduit la grande armée Russe à 18,000 hommes." Page 35.

Ainsi se termina de part et d'autre cette mémorable campagne. L'estimation la plus modérée élève à *cinq cent mille* le nombre des hommes qui périrent alors dans l'espace de cent soixante-treize jours.

D'après le détail des crimes et des calamités qui ont accompagné la campagne de Russie, nous pouvons nous former une juste idée des maux qu'inflige au monde le fléau de la guerre. Et qu'on n'aille pas croire que ces maux sont particuliers à telle nation, ou à telle guerre. Ils sont l'inévitable résultat de la guerre, et les annales des nations fourmillent de semblables exemples. Qu'on n'accuse pas ce langage d'être trop rigoureux. Quelles paroles, quel langage pourraient s'égaler aux scènes de Smolensk, de Borodino, de Malo

Jaroslavetz, à la fin tragique des malades des hôpitaux de Moscou, de Liadouï, de Wilna, au pillage et à la ruine de Moscou, au passage de la Vop et de la Bérézina, et aux circonstances horribles qui accompagnèrent la retraite.

Si nous rapprochons les principes, les actes et les lois de la guerre, des lois, des actes et des principes du christianisme, que trouverons-nous de commun entre ces deux choses? La guerre n'est-elle pas, à la lettre, le contrepied de la religion chrétienne qui est une religion de paix ? L'égoïsme et la plus coupable insensibilité ne forment-ils pas le sentiment prédominant d'une armée ? · Le vol, le brigandage, ne sont-ils pas considérés comme des actes permis à la guerre ? N'est-ce pas à la guerre que la violation des principes de la morale, est, non seulement justifiée, mais encore applaudie comme méritoire ? C'est ainsi que des crimes qui attireraient l'indignation de toute nation civilisée, et qui, partout ailleurs qu'à la guerre, seraient punis du dernier supplice, ont vu changer leurs anciennes désignations, ont usurpé des noms honorables et peuvent se commettre en tems de guerre sans craindre de soulever le murmure de la morale publique. Celui qui assassine un homme est marqué d'un signe d'infamie, et une mort ignominieuse devient le prix de son forfait ; mais celui qui immole à la guerre des millions d'hommes est applaudi et couvert de gloire. Sur quels principes de raison, d'humanité ou de religion, peut-on appuyer un tel renversement des mots et des choses ? Deux nations sont en guerre. Les écrivains des deux pays ne manquent pas de célébrer les illustres massacres, et de réclamer les honneurs de la victoire en faveur de leurs concitoyens. Les voûtes des temples retentissent de *Te Deum.* On prie pour le conquérant. Le spectateur de ces cérémonies triomphales sent son imagination s'allumer et son cœur battre pour une gloire meurtrière. Ah ! présentons aux regards des hommes un spectacle différent. Au lieu de ces solemnités coupables, qu'ils voient ce champ de bataille qu'innondent des torrens de sang. Au lieu de cette musique triomphante, qu'ils entendent les cris et les gémissemens des blessés, qu'ils voient couler les larmes de tant d'infortunés qu'une journée semblable à celle de Borodino, a privés pour jamais d'un époux, d'un père, d'un fils ou d'un frère. A quel mépris de la vie, à quelle insensibilité pour les malheurs des hommes sont donc descendus ces êtres coupables qui se délectent dans l'odeur du carnage ? Nous ne parlons qu'avec horreur des superstitions cruelles et flétrissantes par lesquelles des victimes humaines sont immolées aux autels des Idoles ? Pouvons-nous croire que nos sacrifices guerriers sont agréables aux regards de la Divinité ? Quand nous soutenons le fléau de la guerre par notre approbation et notre complicité, notre conduite n'est-elle pas mille fois plus sanguinaire, plus cruelle et plus horriblement dévastatrice que les préjugés barbares contre lesquels nous nous élevons

FIN.

Londres,
De l'Imprimerie de G. Schulze,
13, Poland Street.